Allererstes Lesen

Liebe Eltern,

jedes Kind ist anders. Eines kennt bereits alle Buchstaben in der
Vorschule und kann sie zu Wörtern formen. Ein anderes lernt
das Abc beim Eintritt in die Schule. Für das spätere Leseverhalten
ist das völlig unerheblich. Wichtig aber ist der Spaß am Lesen –
und zwar von Anfang an. Darum muss sich die konzeptionelle
Entwicklung von Lesetexten an den unterschiedlichen
Lernentwicklungen der Kinder orientieren.
Unser Bücherbär-Erstleseprogramm umfasst deshalb verschiedene
Reihen für die Vorschule und die ersten beiden Schulklassen. Sie
bauen aufeinander auf und holen die Kinder dort ab, wo sie sind.

Die Bücherbär-Reihe *Allererstes Lesen* richtet sich an Leseanfänger
in der Vorschule und am Anfang der 1. Klasse. Die übersichtlichen
Leseeinheiten und kurzen Zeilen sind ideal zum Lesenlernen.
Lustige Leserätsel unterstützen das Textverständnis und
regen zum Nachdenken und zum Gespräch über die
Geschichten an. Denn Kinder, die viel Gelegenheit zum
Sprechen haben, lernen auch schneller lesen.

In Zusammenarbeit mit
westermann

Volkmar Röhrig
Bens großes Spiel
Lustige Fußballgeschichten

Dieses Buch gehört:

Benjamin

Volkmar Röhrig

wurde 1952 in Lützen bei Leipzig geboren. Er studierte
Germanistik und Kulturwissenschaft und arbeitete unter
anderem als Hörspieldramaturg, Regieassistent und Lektor.
Seit 1981 ist er freiberuflicher Autor.

Kai Pannen

wurde 1961 in Moers geboren. Nach dem Studium der
Malerei in Köln begann er Anfang der 90er-Jahre seine
Laufbahn als Illustrator und Trickfilmer. Heute ist er überwiegend
als Buchillustrator tätig, produziert seine eigenen Trickfilme
und ist Dozent für Zeichentrick-Animation an der
Animation School Hamburg.

Volkmar Röhrig

Bens großes Spiel
Lustige Fußballgeschichten

Mit Bilder- und Leserätseln

Mit farbigen Bildern von Kai Pannen

MIX
Papier aus verantwor-
tungsvollen Quellen
FSC® C110508

1. Auflage 2016
© Arena Verlag GmbH, Würzburg 2016
Alle Rechte vorbehalten
Einband und Illustrationen: Kai Pannen
Gesamtherstellung: Westermann Druck Zwickau GmbH
ISBN 978-3-401-70854-6

www.arena-verlag.de

Inhalt

Volltreffer!

Es ist das letzte Training
vor dem großen Pokal-Finale.
Bens Mannschaft
ist sehr aufgeregt.
Alle spielen durcheinander.

Ben läuft mit dem Ball
zum Tor.
„Schieß, schieß!",
ruft der Trainer.
Ben tritt gegen den Ball.
Doch wo fliegt der hin?

Was trifft Ben mit dem Ball?

„Volltreffer!", stöhnt der Trainer
und rauft sich die Haare.
„So gewinnen wir
keinen Pokal.
Nur ein Wunder
kann uns morgen helfen!"

Igor fragt Ben:
„Vielleicht hilft uns
dein außerirdischer Freund?"
Chris sagt: „Den hat er sich
doch bloß ausgedacht!"
Die anderen lachen.
Ben überlegt.

Der Außerirdische

In der Nacht
schleicht Ben in den Garten.
Er richtet seine Taschenlampe
hoch in den Himmel
und knipst
dreimal an und aus.

Sekunden später
rast etwas herab.
Es ist ein Außerirdischer!
Es ist Max
vom Stern Maxus.
„Hallo, mein Freund!", sagt Max.
„Du hast mich gerufen?"

Woher kommt Max?

Ben ist froh,
denn Max hat ihm
schon einmal geholfen.
„Brauchst du wieder Hilfe?",
fragt der Außerirdische.

Ben nickt.

„Wir spielen im Pokal-Finale,
da kommt ein Talent-Sucher
von der National-Mannschaft.
Alle sind total aufgeregt.
So verlieren wir das Spiel!"

„Kein Problem", sagt Max.

„Ihr müsst mehr trainieren!"

Ben schüttelt den Kopf.
„Das Spiel ist schon morgen.
Wir brauchen ein Wunder!"

Plötzlich irrt ein Lichtpunkt
am Himmel hin und her.
Max stellt die Antennen hoch,
und der Lichtpunkt rast herab.

Mäxchen

Etwas knallt in den Garten,
schnippt wieder hoch
und klatscht in den Teich.
„Das ist Mäxchen, mein Schüler",
erklärt Max.
„Den Weltraum-Flug
muss er noch üben."

Wer ist Mäxchen?

Mäxchen lacht.

„Tolle Landung, was?

Wie kann ich helfen?"

Ben erklärt ihm alles.

Mäxchen sagt:

„Ich bin Profi für Fußball."

„Wirklich?", fragt Ben.

„Klar!", antwortet Mäxchen

und tritt gegen einen Ball.

Der knallt in ein Fenster.
„Überfall! Einbruch! Polizei!",
schreit jemand.

Max streckt schnell
seine Antennen aus,
und das Fenster ist wieder ganz.
Mäxchen sagt stolz:
„Aber der Schuss
war eine Rakete!"

„Mäxchen wird euch helfen",
verspricht Max.
Mäxchen lacht und sagt:
„Klar! Vorher gucke ich mir
eure Erde an."
Dann verschwinden beide
in den Nachthimmel.

Das Pokal-Spiel

Das Stadion ist rappelvoll.

Auch der Talent-Sucher

von der National-Elf ist da.

Die Mannschaft

ist noch viel aufgeregter.

Ben entdeckt Max

und denkt:

Heute passiert ein Wunder!

Woran erkennt man den Talent-Sucher?

Das Spiel beginnt.

Aber Ben ärgert sich.

Er muss auf die Reservebank.

Die Gegner stürmen sofort.

Schnell schießen sie

das erste Tor.

Ben fragt unruhig:

„Wo ist Mäxchen?"

Endlich landet Mäxchen.

Er zeigt stolz einen Pokal.

„Der ist für euch!"

Ben staunt:

„Das ist der Weltmeister-Pokal!"

„Stimmt", sagt Mäxchen.

„Von eurer National-Mannschaft!"

„Du hast den geklaut?",
fragt Ben erschrocken.
Da schießen die Gegner
das nächste Tor!

„Hat das Spiel
schon angefangen?",
fragt Mäxchen.
Ben antwortet wütend:
„Wir verlieren gerade!"

„Alles klar!", sagt Mäxchen
und stellt seine Antennen auf.
Wieder stürmen die Gegner.
Auf einmal ist das Tor weg!
Der Ball fliegt in die Zuschauer.
Alle Spieler wundern sich.
Und Mäxchen lacht.

„Das kannst du nicht machen!",
ruft Ben.
„Na gut", sagt Mäxchen.
„Also etwas anderes."
Wieder stürmen die Gegner.

Plötzlich steht eine Wand
mitten auf dem Spielfeld.
Die Gegner prallen dagegen.

Die Zuschauer lachen.
Die Spieler sind ratlos.
Aber Mäxchen freut sich:
„Das ist lustig!"
„Nein!", sagt Ben zornig.
„Das ist unfair!"
Der Schiedsrichter pfeift,
er will das Spiel abbrechen.

Max schimpft mit Mäxchen.
Ben rennt zum Schiedsrichter
und zeigt auf Mäxchen.
Der Schiedsrichter
versteht nichts.
Aber das Spiel geht weiter.

Max spricht aufgeregt
mit dem Trainer.
Der Trainer ruft zu Ben:
„Du spielst!"

Ben freut sich
und treibt die Mannschaft an:
„Los, wir gewinnen!"

Plötzlich spürt Ben
ein Kribbeln im Fuß.
Das ist wie
Kraft und Energie!
Er stürmt mit dem Ball
über das ganze Spielfeld.
Dann schießt er – Tor!

Was macht Max mit seinen Antennen?

Sofort spielt die Mannschaft
viel besser.
Alle rennen und kämpfen,
stürmen und schießen.
Jetzt spielen sie
wie richtige Profis.

Die Gegner haben keine Chance.
Bens Mannschaft
schießt ein Tor
nach dem anderen.
Sie gewinnen das Spiel!

Der Pokal

„Hurra, hurra, hurra,
wir haben den Pokal!",
jubelt die Mannschaft.
Der Trainer sagt immer wieder
zu den Reportern:
„Das ist ein Wunder!"

Der Talent-Sucher
der National-Elf
unterhält sich mit Max.
„Das war ein sehr
interessantes Spiel."
Max sagt verlegen:
„Ja, sehr aufregend."

Was macht Mäxchen?

Der Talent-Sucher sagt:

„Die Nummer sieben war super!"

Max nickt.

„Ben ist ein Talent!"

Dann fragt der Talent-Sucher:

„Bist du auch Trainer?"

„Oh ja", sagt Max.

„Aber auf einem anderen Stern.

Wir trainieren mit Energie."

Der Talent-Sucher staunt.

„Das ist spannend!

Trainierst du mal

unsere National-Mannschaft?"

„Na klar!", ruft Mäxchen.

Ben fragt sofort:

„Dürfen wir mitkommen?"

Der Talent-Sucher lacht.

„Natürlich! Als Pokal-Sieger

seid ihr eingeladen!"

Training mit der National-Mannschaft

Lösungen

Seite 11

Ben trifft das Flutlicht.

Seite 15

Max kommt vom Stern Maxus.

Seite 19

Mäxchen ist Max' Schüler.

Seite 23

Den Talent-Sucher erkennt man am National-Trikot.

Seite 32

Mit seinen Antennen schickt Max Kraft und Energie
an Bens Fuß.

Seite 36

Mäxchen steckt den Pokal in den Rucksack des Talent-
Suchers.

Allererstes
Lesen

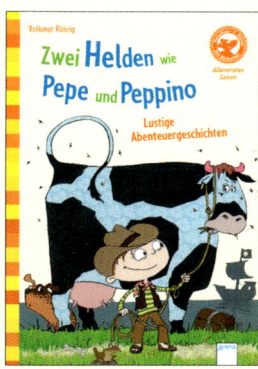

Schwein gehabt!
Lustige Tiergeschichten
978-3-401-70422-7

Tor für Ben!
Spannende
Fußballgeschichten
978-3-401-70424-1

**Kleiner Ritter Kurz
von Knapp**
Abenteuergeschichten
978-3-401-70404-3

**Zwei Helden wie Pepe
und Peppino**
Lustige
Abenteuergeschichten
978-3-401-70232-2

Jeder Band: Ab 5/6 Jahren • Allererstes Lesen • Durchgehend farbig illustriert
48 Seiten • Gebunden • Format 17,5 x 24,6 cm

Mit Bücherbärfigur am
Lesebändchen und
Leserätseln

Einfache Geschichten
mit kurzen Zeilen

Große Fibelschrift und Zeilentrennung nach Sinneinheiten

Mit Bilder-
und Leserätseln

Was für ein Dinosaurier ist der kleine Zack?

Da ruft eine Stimme
von oben:
„Du hast ja
gar keinen Hals!"

Erschrocken schaut Zack auf.
Ein Langhals!
Hochnäsig
stolziert er davon.

Viele farbige
Bilder

T-Rex

Flugsaurier

Apatosaurus

Triceratops

12

Innenseite aus »Zack und seine Freunde«
ISBN 978-3-401-70073-1

Die Reihe „Allererstes Lesen" ist auf die Fähigkeiten von Leseanfängern abgestimmt:
Übersichtliche Leseeinheiten und kurze Zeilen sind ideal zum Lesenlernen.
Die ausdrucksstarken Bilder unterstützen zudem das Textverständnis.

In Zusammenarbeit mit
westermann

Wir lesen zusammen

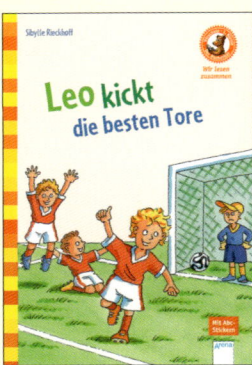

Leo kickt die besten Tore
978-3-401-70690-0

Linus und die Rache der Panther-Bande
978-3-401-70561-3

Ritter Moritz zur Mondhellen Burg
978-3-401-70555-2

Julian und der Märchenzauber
978-3-401-70213-1

Jeder Band: Ab 5/6 Jahren • Wir lesen zusammen • Durchgehend farbig illustriert
64 Seiten • Gebunden • Format 17,5 x 24,6 cm

Mit Bücherbärfigur am Lesebändchen, Leserätseln und großem Suchbild

Symbol zum Selbstlesen
auf den Kinderseiten

Große Fibelschrift
und kurze Zeilen

Viele farbige Bilder

Innenseite aus »Du bist mein bester Freund, kleiner Delfin«
978-3-401-70022-9

Im ersten Lesejahr macht zusammen Lesen und Vorlesen mehr Spaß.
Leserätsel erleichtern das Leseverständnis, das Suchbild regt dazu an, die Geschichte nachzuerzählen. Denn Kinder, die viel sprechen, lernen leichter lesen.

In Zusammenarbeit mit
westermann

**Kleine
Geschichten**

Lustige Dinogeschichten
978-3-401-70563-7

**Lustige
Gespenstergeschichten**
978-3-401-70167-7

Freundschaftsgeschichten
978-3-401-70485-2

Schulweggeschichten
978-3-401-70407-4

Jeder Band: Ab 6/7 Jahren • **Kleine Geschichten** • Durchgehend farbig illustriert
48 Seiten • Gebunden • Format 15,9 x 21,1 cm

Mit Fragen zum Leseverständnis und Bücherbär am Lesebändchen

Zeilentrennung
nach Sinneinheiten

Sehr einfache Textgliederung
für das erste Lesejahr

Hoher Illustrationsanteil

Große
Fibelschrift

Innenseite aus „Zauberfeengeschichten"
ISBN 978-3-401-70087-8

Die kurzen Geschichten rund um ein beliebtes Thema sind besonders gut zum
allerersten Selberlesen geeignet. Durch die klare Textgliederung und die vielen
farbigen Illustrationen ist das Lesen leichter.

In Zusammenarbeit mit
westermann